소리 빗질, 마음 빗질

말한이 활성 | 엮은이 김용호

고요한소리

일러두기

1993년 10월 9일 서울 〈고요한소리〉와 1993년 10월 16일 부산
〈고요한소리〉에서 하신 말씀을 중심으로 김용호가 엮어 정리
하였다.

차 례

제 이야기가 항상 어렵다는 말을 많이 들어서, 오늘은 좀 더 쉽게 이야기를 풀어볼까 해서 신문을 한 장 들고 나왔습니다. 우리가 일상생활 가운데 보고 듣고 접하는 모든 일들이 사실 다 법문 아닌 것이 없습니다. 모든 게 잘 들으면 법문이고 그냥 예사로이 들으면 한낱 통속적인 말입니다. 그러니 법을 따로 멀리서 구하면 나날이 살아가는 이 삶의 현장이 바로 법문 장소임을 깨닫지 못한 채 지내기 쉽습니다.

　'신문에 실린 한 조각 글도 비록 흔히 볼 수 있는 것일지라도 그것이 다 법문이다, 우리가 그것을 법문으로 들을 수 있는 귀를 뚫어야겠다, 세상만사를 다 법으로 보는 눈을 떠야겠다.'라고 생각하게끔, 그래서 여러분이 이런 법회에 굳이 안 오시더라도 그런 눈을 뜰 수

있도록 이런 신문 조각 하나도 그대로가 법문임을 증명
해드리고자 합니다. 세상만사를 법문으로 듣는 감상법
이라고나 할까요.

세상만사가 법

1993년 10월 6일자 신문의 〈이규태 코너〉입니다. 제
목은 '조용필'입니다. 마침 그때 서울에서 가수 조용필
리사이틀이 크게 열린 것 같습니다. 혹시 읽으신 분도
계시겠지만 새로운 관심에서 들어보십시오.

우리 한국 사람들 외국에 나가면 바로 당일부터 한국
음식을 찾는 데 예외가 없다. 외국에 나가면 그 나라
음식으로 별식을 해봄직도 한데 말이다. 외국음식으로
는 성이 차지 않는 이유로서 발효 미역味域설을 들 수
있다.

발효는 식품의 발효를 말하고 미역이란 말은 맛 미味 자와 지역 역域 자니, 미감대라는 뜻이겠지요. 불교용어로는 육처六處 중에 설처舌處입니다. 이럴 땐 내외처 內外處, 그러니까 안으로는 설, 밖으로는 미가 결합한 것이지요. 설은 맛을 보는 곳이니까요. 불교용어로는 설처를, 여기서는 미역이라고 서구적 표현을 썼습니다.

맛을 감지하는 혓바닥에는 쓰고, 달고, 시고, 맵고, 짠 맛을 감지하는 미역이 형성되는데, 그 나라 그 민족이 많이 먹어 내린 음식 맛을 감지하는 미역이 보다 민감 해지고 발달한다는 것이다. 그렇다면 한국 사람에게 가장 발달한 미역은 바로 삭은 맛을 감지하는 발효 미역이다. 왜냐하면 우리 조상 대대로 먹어 내린 음식의 80%가 간장, 된장, 고추장, 김치, 젓갈, 장아찌 같은 발효식품이기 때문이다. 외국에 나가면 그쪽 음식들이 한국인의 미각 유전질인 발효 미역을 충족시켜주지 않 기에 생리적으로 고국 음식을 찾게 된다는 것이다. 우

리 한국 사람이 먹지 못하면 결핍을 느끼는 미역이 있
듯이 듣지 못하면 결핍을 느끼는 청역聽域이라는 것도
있다.

이렇게 해서 음식 이야기에서 음악 이야기로 이어
집니다.

그것을 논리적으로 형용하기는 어렵지만 판소리의 명
창이나, 넓은 공감대를 형성하고 있는 가수의 가창이
그것에 와 닿는 것을 느끼는 경우가 종종 있다. 체구는
작지만 대형 가수인 조용필의 가창도 그런 한국적 청역
에 만족감을 주는 굴지의 가수 가운데 하나다. 조용필
은 대중가요에서 상실 되어가고 있는 한국인의 결핍된
청역을 자극하는 소수의 가수라 할 수 있다.
서양 집들은 외계와 내계를 두꺼운 벽과 문으로 완전
차단하고 있어서 외계에서 나는 자연의 소리를 차단하
고 산다. 이에 비해서 한국 집은 이웃 동네 개 짖는 소

리며 풀벌레 소리 심지어는 눈 쌓이는 소리까지 스며들게 되어있다. 그래서 서양 사람들은 음악을 아름답게 만들어 듣지만, 한국 사람의 음악 욕구는 스며들어서 한국적 정념인 정이나 한에 와 닿았을 때 만족을 한다. 조용필의 가창 속에는 바로 그 스며들어 정념에 화학작용을 일으키는 제3의 소리가 내포되어 있는 것 같다.

'제3의 소리!' 이게 재미있는 말인데, 나중에 곱씹어 보지요.

서양 음악을 들으면 알파 뇌파가 발생, 잠재된 스트레스를 밖으로 발산시키는 물리작용을 하는데, 한국 음악을 들으면 베타 뇌파가 발생해서 잠재된 스트레스를 안에서 승화하는 화학작용을 한다는 것과도 일맥상통한다.

서양음악은 물리적 효과, 한국음악은 화학적 효과

랍니다. 지금부터 인용하는 구절이 아주 재미있어요. 오늘 할 얘기와 관련된 부분입니다.

　　'소리라는 것은 청이 좋아야 좋은 것이 아니여. 소리를 난마亂麻처럼 갈기갈기 찢어서 그 찢어진 파성破聲을 빗질하고 가다듬어 댕기 땋아 내리듯 하는 것이 좋은 소리여.' 한말韓末의 명창 이날치라는 분이 한 말이다.

　　저는 이 대목에서 참으로 감탄했습니다. '도道는 통하는구나, 음악의 도나 불도佛道의 도나, 도는 통하는구나.' 하는 것을 느꼈고, 그래서 오늘 이것을 가지고 나오게 된 것입니다.

　　파성임에도 불구하고 파성이 찢어지지 않게 들리는, 조용필의 가창력을 두고 한 말만 같다. 조용필을 비롯 우리나라의 대형 가수라면 전통음악인 창唱에 심취한 어느 한 때를 가졌다던데 창에서 터득한 가창력과 한국인의 청각 유전질과는 무관하지 않다고 보는 것이다.

푹 삭혀 제3의 맛으로

물리적 작용과 화학적 작용의 비교, 또 음식에서 시작해서 소리로 이어간 것은 필자의 재주입니다. 대단히 적절한 비유라 하겠습니다.

좋은 음식, 고급스러운 음식이라면 거기에 반드시 많은 좋은 재료가 들어가야 되고, 많은 시간과 많은 손질이 들어가서 참으로 고급스런 맛을 우려낸 것이라고 할진대, 우리 민족은 날 것 그대로 먹지 않고 가급적이면 삭혀서, 푹 삭혀서 먹습니다. 푹 삭혀서 제3의 맛을 만들어 먹으니 몸에도 좋고 넘기는 과정에 미감도 좋으니, 우리의 음식 문화가 대단히 고급스럽다는 데는 일리가 있다고 봅니다.

삭혀서 먹는 음식 덕분인가, 우리 민족의 특질도 비

숫합니다. 삭힌 음식만큼 박력도 떨어지고, 육체의 야만스런 정력 면에서도 그렇게 우수해 보이지 않습니다. 몽고 민족이 원래 체질적으로는 세계 최강이라고 합니다. 추위, 더위 등 극한의 환경을 견디는 능력이 몽고족에게는 당할 수 없다는 것이지요. 그렇건만 한국인들은 야한 침략적 근성이 없이 부드럽습니다. 그런 특질이 음식과 무관하지 않으리라 여겨집니다. 생짜로 야한 음식을 먹는 민족과 고급스럽게 삭힌 음식을 먹는 민족과의 차이일 수 있습니다.

우리는 소리도 역시 화학적으로 승화시켜서 제3의 소리로 만들어 듣습니다. 이날치가 말한 바의 음악 감각, 혹은 음악 논리랄까 음악평이 나올 정도의 고급스런 음악 문화가 있기 때문이 아닌가 싶습니다. 제가 듣기에 이날치의 말은 예藝의 극에 도달한, 혹은 예를 넘어선 이야기 같습니다. 예의 영역, 창唱의 영역을 넘어서 도道의 수준에 도달한 것으로 보인다는 말이지요.

서양 사람들은 문을 꼭꼭 닫아놓고 자연의 소리는

차단된 가운데 일부러 좋은 소리를 만들어서 듣는다 이거예요. 아주 아름답고, 그야말로 아이스크림 맛처럼 혀에 감치는 그런 소리를 만들어서 듣습니다. 그런데 집 속에서 살면서도 자연의 소리를 누리는 우리 한옥의 가옥구조를 생각하면 이분의 혜안을 높이 평가하고 싶습니다. 요즈음 아파트 사는 분들은 모르지만 창호지 하나로써 자연을 접한 채로 살면 이 말들이 참 와 닿습니다. 창호지는 매우 희한한 종이입니다. 외풍 차단하는 효과도 탁월해서 종이 한 장인데도 바깥 온도하고 10여 도 정도 차이를 만들어낼 겁니다. 그런 보온 기능도 하지만 바깥소리도 거의 빠짐없이 전해주지요. 특히 자연의 소리를 잘 살려서 전해줍니다.

사실 자연의 소리보다 아름다운 소리는 없거든요. 자연 속에서 들으면 사람 소리처럼 야하고 거슬리는 게 없습니다. 조용한 산사에 있다 보면 어디서 사람소리가 나는데, 그 소란스러움이 바람 소리나 새소리와는 완전히 다릅니다. 그냥 신경에 거슬리고 긴장시키는데, 그런 사람 소리를 아무리 갈고 닦아 미성美聲을 만들어봤자 자연의 소리 앞에서는 하나의 반역입니다. 그런데 서양 사람들은 자연의 소리를 차단한 채 사람 소리를 아름답게 만들어 듣고 있습니다. 우리에게는 그게 만족스럽지 않다는 말입니다. 물리적으로 와 닿는 소리를 그대로 수용하지 않고 '화학적으로 듣는다', 이 말이 참 멋집니다. 제3의 소리로 만들어서 잠재된 스트레스를 안에서 중화하는 화학작용을 일으킨다는 말입니다.

즉 날것 그대로를 먹고 듣고 즐기는 게 아닙니다. 우리는 일찍이 날것 그대로를 취하는 방식을 극복하는 데 주력해온 문화 민족이라는 말입니다. 우리는 웬만한 건 다 익혀서 먹고, 게다가 제3의 것으로 화학적으로 변형시켜서 취하는 대단히 고급스런 문화를 누려왔다는 겁니다.

앞서 인용한 글이 타당하다고 여기며 평소에 제가 생각하던 우리 민족의 '도인적 기질'을 떠올렸습니다.

소리를 일단 난마亂麻처럼 갈기갈기 찢어서 그 찢어진 가닥가닥을 빗질해서 가다듬고 댕기 땋아 내리듯 제3 의 소리로 땋아 내린다는 것은 도의 경지지요.

저는 민족주의자도 아니고 우리 민족 찬양론자도 아닙니다. 부처님 법을 만난 이후로는 국가나 민족에 대한 관념이 사실상 모호해졌습니다. 왜? 내가 전생에 일본에 살았을 수도 있고, 중국에 살았을 수도 있고, 다생 겁 동안 어느 동물 세계에도 내 집처럼 드나들었을 가능성도 충분히 있지요. 만일 인간 몸을 많이 받았다면 인간 세계 어디라고 못 갔겠나 싶습니다. 지금 여기 몸 받았다고 해서 '이게 내 나라고 내 겨레다.' 하면서 한국 지상주의로 간다면 다음 생은 또 어떻게 하겠어요? 딴 데 몸 받아 태어나서 그곳 지상주의로 간다면 이 얼마나 가소로운 짓입니까. 그렇다고 애국심의 효율성이나 필요성을 인정하지 않는 것은 아닙니다만, 내가 어떤 나라에 태어나서 어떤 문화에 접하고 있는 현상마저도 법으로 보는 눈을 갖춰야 된다고 생각합니다. 그러다 보니 내 종교다 남의 종교다 논하고 싶지도 않고, 내 땅이다 남의 땅이다 논하고 싶지도 않습니다.

하지만 '우리 민족이 유난히 고급스럽구나.' 하고 생각합니다. 그렇게 고급스러운 우리 문화가 다름 아닌 불교문화라고 할 수 있습니다.

푹 삭힌 마음으로

그러면 불교와 연관해서 한번 생각해봅시다. 불교는 심학心學이라 하지요. 마음공부입니다. 대승불교에서 '일체유심조一切唯心造'라 하는 말을 많이 들으셨을 겁니다. 일체가 오로지 마음이 만든 바입니다. 그렇게 불교는 마음을 대상으로 합니다. 따라서 불교는 마음을 갈고 닦아서 더할 나위 없이 좋고 훌륭한 마음으로 만들어서 쓰는 것을 공부합니다. 참선을 한다, 뭘 한다, 전부 이 마음 하나를 붙잡아서 잘 요리하고 가다듬는 것입니다. 마음을 갈고 닦아 길들여서 그 마음의 주인이 되는 것, 그 마음의 힘을 가장 아름답게 법답게 살려서 인생을 사는 것, 그 공부거든요. 그것을 이 날치 명창의 말에 비교해서 생각해봅시다.

'소리라는 것은 청이 좋아야 좋은 것이 아니여.'

여기서 '소리' 대신에 '마음'을 대입시켜서 봅시다. 그러면 '타고난 마음이 착하고 좋다고 해서 그것만 가지고 좋다고 할 수는 없다'는 뜻이 됩니다. 왜? 인간으로 태어났다는 것은 이미 인간 업의 영역에 속했다는 뜻입니다. 제 아무리 좋은 자질을 가진 인생이고 마음일지라도 사바세계에 태어났으면 그 한계성은 뻔합니다. 인간 영역입니다. 그것은 탐·진·치貪瞋癡 삼독심三毒心 덩어리입니다.

여러분이 자식 낳고 손자 보면 참으로 귀엽고 순진무

구해서 그 속에 무슨 탐욕이 있을까, 분노가 있을까 싶겠지요. 그러나 그 애정 어린 눈, 애정에 홀린 눈을 가다듬고 자세히 보면 어린애처럼 이기적인 존재도 없지요. 완전히 자기중심입니다. 조금만 거슬리면 울음을 터뜨려 어른들로 하여금 꼼짝없이 시봉을 하도록 만들어 놓고 자기 뜻을 관철합니다. 아주 이기적입니다. 조금도 에누리가 없어요. 어리나 크나 인간은 탐·진·치 삼독심 덩어리입니다. 그래서 인간 몸 받아 이 사바세계에 태어난 것이지요. 타고난 성품이 좋다고 다 좋은 것이 아니다, 이 말이지요. '청이 좋아야 좋은 것이 아니듯', 타고난 그 마음, 날 것의 그 마음으로는 인생을 잘 산다는 보장이 될 수 없다는 겁니다.

왜 그럴까를 불교 용어로 풀어봅시다. 맛의 영역과 소리의 영역, 이것은 불교에서 말하는 육처六處인 안·이·비·설·신·의眼耳鼻舌身意 중에 '설舌'과 '이耳' 두 영역을 말하는 것입니다. 마음의 영역, 그것은 육처 중 '의意'의 영역입니다. 혀에는 미역이, 귀에는 청역이 있듯이 의에 대해서는 법역法域이 있겠지요. 색, 성, 향, 미, 촉, 법이라 할 때 그 법. 의에 대해서는 법이 있지요. 의근意根이 있고 이에 대해 법이라는 대경이 있습니다. 의에 마주하는 바깥 경계가 법으로 있다는 뜻입니다.

'의'라는 것은 우리 마음인데, 마음 중에서도 법에 대해 있는 마음, 말하자면 '옳고 그르고, 이롭고 해롭고, 도움이 되고 안 되고 하는 것을 알아차리는 능력'을 말합니다. 법은 선법, 불선법으로 구분하는데, 선법善法이란 우리가 해탈의 길, 즉 도를 닦는 데 유익하고 유용한 것입니다. 반면 거기에 장애가 되거나 도움이 안 되는 것은 착하지 못한 법, 좋지 못한 법, 즉 불선법不善法이라 합니다. '악법'이라고 하지는 않습니다. 불교에서는 선, 악으로 이야기하기보다는 선, 불선으로 이야기합니다. 이 또한 불교의 특색입니다. 그래서 선법과 불선법을 가리는데, 그 불선한 요소와 선한 요소를 알아차리는 능력, 그것이 의意입니다.

우리가 타고난 생각 능력, 타고난 의식으로 사물을 보면 그 사물은 한낱 이름이요 형상입니다. 그것을 명색名色이라 하지요. 보통은 정신적 세계와 물질적 세계로 풀이하지요. 연기법에서는 '식識이 있으면 명색이 있다.', '명색이 있으면 식이 있다.', '명색이 없으려면 식이 없어져야 된다.'고 합니다.

사물을 타고난 의식으로 보면, 즉 생짜인 날 마음으로, 익혀지지 않고 삭혀지지 않은 날 것으로서의 식識으로 사물을 보면 사물은 그대로 명색입니다. 그 명색은 그대로 무상하고, 아지랑이와 같이 실체가 없는 허깨비입니다. 그렇건만 우리가 명색에 한번 홀리면 한 생이 아니라 다음 생, 다음 생, 수십 생을 살아도 그 홀림에서 벗어나기 어렵습니다. 여러분이 명색에 홀려 사는 존재라는 것은 유감스럽게도 진실입니다. 만일 우리가 명색에 홀리지 않았다면 금생에 사람이란 존재로 태어나 고해苦海를 사느라고 이렇게 허우적거리지 않았을 것입니다. 그러나 명색에 홀렸기 때문에 이런 고苦를 겪고 있는 것이지요.

부처님은 명색에 홀려 사는 것은 바로 무지 탓이라고 하셨습니다. 그것을 근본 무명無明이라 하지요. 또한 '무지를 벗어나 지혜로 보면 세상 그대로 정연한 법이다, 즉 법계法界다.' 이렇게도 말씀하셨습니다. 그날 것, 말하자면 생짜 심心, 의意, 식識으로 보면, 법을 법답게 보지 못하고 한낱 명색으로 보는 오류를 범하게 된다는 말입니다. 그러니 타고난 심, 의, 식을 청산해서 법을 법으로 볼 수 있게끔 성숙하라, 그런 말씀이지요.

법에 선법과 불선법이 있다는 말은, 선법이 선 자체를 위해, 불선법이 불선 그것을 위해 있는 것이 아니라는 뜻입니다. 선법과 불선법으로서의 법은 해탈의 길을 도와주기 위해서 있는 것입니다. 그렇건만 우리는 그 법을 제대로 볼 줄 모르니 맨날 명색으로 속고 홀려서 헛것을 보면서 살고 있다는 겁니다. 그래서 심, 의, 식으로, 특히 의를 중심으로 해서 법을 볼 수 있는 눈을 키워 나가야 합니다.

우리가 절집에 오면 많이 쓰는 말이 있지요. '그 사람 마음이 푹 쉬었어.' 들어봤지요? 마음이 푹 쉬었다. 말하자면 음식이 발효된 상태, 소리가 삭혀진 상태, 제3의 소리로 화학적 반응이 일어난 상태를 마음에 견주려고 이런 말을 찾아냈을 거예요. 우리 민족이 음식을 날로 먹지 않고 발효시켜 삭혀서 먹듯이, 소리도 날것 그대로 타고난 미성으로만 된 소프라노나 테너 같은 소리를 즐기지 않듯이, 마음도 푹 삭혀 썼다는 겁니다.

그러한 전통 때문에 법도 날것으로 취하질 않습니다. 법을 그냥 날것으로 취할 땐 명색이 돼버리지요. 법도 충분히 발효시키고 삭혀서 푹 삭힌 마음으로 법을 즐겼습니다. 푹 삭힌 마음에는 푹 삭힌 법이 있는 것이지요. 익은 법을 취하는, 아주 고급스런 선법으로 만들어서 취하는 문화를 말합니다.

타고난 생짜 그대로의 날 마음을 가지고 뭘 하겠다고

덤벼들고 욕심을 부리고 해봐야 탐·진·치 삼독심이 난무하는 마당밖에 안됩니다. 그런 마음을 제3의 마음, 푹 삭힌 마음으로 만드는 데서 시작해야 합니다.

마음을 가닥가닥 찢는다

그러면 어떻게 해야 마음을 푹 삭힐 수 있을까요? 이날치 명창은 '소리를 난마처럼 갈기갈기 찢어서 그 찢어진 파성을 빗질하고 가다듬어 댕기 땋아 내리듯 하는 것이 좋은 소리여.'라고 했습니다. 이 말을 마음에 적용하면, 이 마음을 갈기갈기 찢어야 한다는 말이 됩니다. 그걸 불교 용어로 풀면 '분석하라', 즉 위방가 *vibhaṅga*입니다. 불교, 특히 남방불교 전통은 분별 학파입니다. 일체를 갈기갈기 찢어서 법으로 분해하라는 것입니다.

불교에서는 바깥 현상을 찢어서 보는 것은 기본입니다. 현상은 지수화풍의 사대四大로, 성주괴공으로 가닥가닥 가릅니다. 모든 것을 분석해서 법이라는 요소로 갈가리 찢어놓습니다. 두 가닥만 엉켜 있어도 벌써 그건 법이 아닙니다. 그냥 갈가리 찢어서 가닥가닥 더 찢을 수 없을 만큼 찢어발기는 거지요.

소리를 갈가리 찢으면 파성이 되듯, 법을 찢으면 파법破法이 되겠지요. 그 파한 법을 빗질하고 가다듬어 댕기 땋아 내리듯 하는 것이 좋은 것입니다. 법을 갈가리 찢어서는 택법擇法을 합니다. 말하자면 간택을 한다는 말입니다. 법이라는 말 그 자체는 벌써 선, 불선을 전제로 한 개념입니다. 그래서 법을 찢는다는 것은 선법과 불선법으로 분해한다는 의미합니다. 왜 그럴까요?

우리가 타고난 이 마음은 탐·진·치 삼독심 덩어리거든요. 행行이지요. 행이라 한역된 말의 빠알리 원어는 '상카아라saṅkhāra'입니다. '어울려서 작용하는 것'

을 뜻하지요. 상카아라 중에 '상'이란 말은 '모인다'는 뜻입니다. 여러 요소들이 모여서 어떤 심리작용을 하고 있는 것을 상카아라라고 합니다. 마음은 '여러 요소들이 모여 끊임없이 흐르는 것〔遷流〕'입니다. 이 모여서 흐르는 놈이 온갖 분란을 일으키는 거지요.

그래서 이 뭉쳐 흐르는 마음을 갈기갈기 찢어서 법으로 분석하는 겁니다. 모여 흐르는 행이 만드는 피상적인 모습에 속지 않고 그것을 갈가리 찢어서 낱낱이 요소로 분해를 하는 거지요. 두 개만 어울려도 행이 되니까요. 그렇게 가닥가닥 나누어 구분할 수 있는 최소 단위까지 분석해 들어가는 겁니다. 더 이상 나눌 수 없을 만큼 나누어 가지고는, 그 나눈 것을 선법, 불선법으로 철저히 정리하는 겁니다. 그것을 택법이라 이릅니다.

그게 빗질하는 거지요. 빗질 왜 합니까? 때를 제거하고 머리를 잘 치장하여 아름답게 하려는 거지요. 우리가 마음이란 것을 다룸에 있어서도 머리 빗질하듯 해야 합니다. 그래서 '마음을 빗질한다.'고 해본 것입니다.

빗질은 막 얽히고설킨 것을 가닥가닥 질서정연하게 만드는 것 아닙니까? 그렇게 '요소'로 자꾸 분석하여 법으로 간택하다 보면 좋은 작용을 하는 요소가 있고, 좋지 않은 작용을 하는 요소도 있습니다. 이렇게 각 요소들의 성질이 구분됩니다. 우리 마음을 각 요소로 분석하고서 좋은 작용을 하는 놈과 나쁜 작용을 하는 놈으로 가르는 것, 그것이 빗질입니다.

한 요소에 대해 정확하게 '요거는 나쁜 요소다.' 하고 들여다보는 순간 마음의 나쁜 요소는 무기력해집니다. 무력해져요. 왜? 마음이란 이놈은 말이요, 끊임없이 음식 공급을 받아 유지되고 있는 겁니다. 실제로 마음이 있느냐 하면 없거든요. 여러 요소들이 얽힌 애매모호한 에너지 덩어리이고, 이것들이 얼기설기 꼬여서 흐르며 변천하는 것이거든요. 이거저거 마구 섞인 에너지 덩어리가 흐르다보니까 뭐가 있는 것처럼 느껴지는 것이지요. 그렇게 지속적으로 흐를 수 있는 것은 자양분 공급을 끊임없이 받고 있기 때문입니다. 그럼 누가 음식을 공급하느냐? 마아라*Māra* 魔王에 미혹된 마음이 하는 겁니다. 마아라가 그러한 에너지를 공급하기 때문에 뒤엉킨 요소들이 에너지를 가지고 흐르는 겁니다.

그런데 우리가 이놈을 분석해서 선, 불선으로 빗질을 딱 해버리고 나면, 누가 불선에 대해서 자양분을 계속 공급합니까? 안 합니다. 우리가 불선에 양분 공급을 한 것은 모르기 때문에 무의식중에 해온 것이지, 그 실상을 알고 나면 안 하거든요. 그러니까 모르는 통에 섞여서 그냥 엄벙덤벙 넘어가면서 양분 공급을 받아오던 놈이라서, 분석하고 빗질을 해서 불선법이 되어버리는 순간, 요놈은 내버림 받은 존재가 되는 겁니다. 우리가 내버리려고 무슨 조치를 따로 하는 게 아니라, '불선이다' 하는 순간에 고놈은 벌써 별 볼 일 없는 놈이 되어버리는 겁니다. 자연히 양분 공급이 차단되면서 무력해져 버린다, 이 말입니다. 그래서 불선한 요소가 영양실조에 걸려 시들시들 말라 죽어버립니다.

불교는 불살생의 종교라서 적도 안 죽입니다. 아무리 나쁜 놈도 일부러 죽이는 법은 없어요. 죽이는 짓은 불교적이지 않지요. 안 그렇습니까? 나쁘다고 칼 들면 그게 어디 자비입니까? 아무리 나빠도 살생은 안 되지요. 단 택법은 해요. 좋고 나쁜 걸 분석은 합니다. 분석하니까 자연히 불선한 요소가 빗질되어 사라지더라는 겁니다. 사라지는 거야 제행무상諸行無常에 따른 자기 숙명이니까. 우리가 죽인 건 아니지요. 그저 우리는 빗질하고 있을 뿐이고, 그러면 제행무상이라는 법의 성질상 사라져가는 것뿐입니다.

마음이란 놈은 가닥가닥 꼬여서 유지되는 거거든요. 상카아라*saṅkhāra*이니까요. 얼기설기 그냥 모여가지고, 무엇인지도 알 수 없는 잡탕이 되어 흘러가는 것이기 때문에 빗질해서 요소로 분석해 놓는 순간에

28

잡탕은 소멸해버립니다. 그렇게 되기 전까지는 불선법에다 우리가 끊임없이 영양 공급을 하는 거지요.

그러면 선법은 어떠냐? 끊임없이 빗질을 해서 선한 법에 영양 공급을 해가는 행위가 마음챙김, 사띠*sati* 슌입니다. 정념正念입니다. 불선법에다 굳이 뭔가를 안하지요. 사라지는 걸 내버려둡니다. 선법은 내가 필요하니까 거기에는 영양 공급을 하지요. 그래서 유지하도록 합니다. 사띠*sati*를 한다, 마음을 챙긴다는 말이지요. 특별한 먹이를 갖다 먹이는 게 아니라 단지 챙기는 겁니다. 챙기니까 챙김이라는 영양소의 공급을 받아서 멸하지 않고 살아있는 것이지요. 불선한 요소가 사라지고 선한 요소만 남아서 질서정연하게 가다듬어져서 신선한 영양 공급을 받으니까, 댕기 땋아내리듯 아름답게 흘러가게 된다는 말입니다. 이 또한 상카아라*saṅkhāra* 行는 상카아라인데, 무지의 혼돈, 암흑의 혼돈이 아니라 삭힌 음식이요, 가다듬어진 제3의 소리라는 상카아라가 되는 겁니다. 그렇게 질서 정연하게 마음을 삭히고 댕기 땋아서 유지시키는 이 공부를 우리는 마음공부라 합니다. 지금 여러분이 하려고 애쓰고 있는 겁니다.

부처님께서는 마음을 분석하고 지배하는 방법을 여러 가지 법으로 설하셨는데, 요체는 이날치 명창의 이야기 그대로입니다. 마음을 법으로 갈기갈기 분석하라. 선법, 불선법을 가닥가닥 분석하고 파악하고 장악하라. 마음을 한 가닥 한 가닥 분해하라. 엉겨 붙어 기름 덩어리처럼 되어 있는 놈을 갈기갈기 찢어라. 그리고 빗질해내라. 기름이니 때니, 묻어 있는 것들을 싹싹 빗질해내라. 때가 기름과 뭉치가 되어 뒤범벅이 된 이 마음이란 놈을 갈기갈기 빗질 하라. 빗질은 분해 과정이면서 거기에 묻은 때를 제거해내는 과정입니다. 빗질해 정리된 마음, 명색이 아니라 법이 된 그 마음을 댕기 땋아 내리듯이 마음을 깨끗이 만들어 잘 쓰라는 말입니다.

마음 탐색

이렇게 마음을 분해하는 일은 그동안 인류가 좀체 해내지 못했습니다. 왜? 세상에 알기 어려운 게 마음이거든요. 이 마음이란 놈을 분해해서 철저하게 파악하는 것은 쉬운 일이 아니거든요. 심리학이 나오기 전까지는 마음을 건드리지 못했습니다. 안한 게 아니라 못한 것입니다. 이놈을 건드리는 순간 대부분 자기 파멸에 빠져버립니다. 마음이란 놈이 어딘가 밖에 있는 것이 아니거든요. 이게 내 속에 앉아서 주인 노릇을 하고 있는데, 이놈에게 어설프게 칼 댔다가는 대혼란을 일으킬 수 있습니다.

그러니 보통 마음을 있는 그대로 애매모호하게 그냥 덮어두고서, 거기에다가 이 옷 입히고 저 옷 갈아입히는 노릇을 해왔습니다. 대부분의 종교는 옷 입히기 종교입니다. 마음이란 놈을 그냥 두고서 예쁜 옷을 입히면 예쁘게 되겠지, 예쁘게 비치는 거울을 비치면 예쁘게 보이겠지, 마음 자체는 그대로 둔 채 마음이 표출하는 모양새만 가다듬는 데 노력을 해온 것이 기존 종교요, 심지어 서양철학까지도 그렇게 해왔습니다.

오늘날 서양심리학은 불교에 빚을 지고 있는 것 같습니다. 벌써 2500년 전에 불교는 마음을 법으로 갈가리 찢는 작업을 수행했습니다. 서양심리학은 그 역사가 그리 오래되지 않았습니다. 심리학을 개척한 프로이트, 제임스, 아들러 같은 분들이 다 19세기 말 사람들입니다. 〈고요한소리〉에서 펴낸 '법륜' 시리즈 세 번째 《아나가아리까 다르마빨라》에 보면, 이분이 미국에 건너가 윌리엄 제임스 교수 강의실을 방문했더니, 제임스 교수가 강의하다 말고 '여기 진짜 강의를 해야 할 분이 오셨다. 한 말씀 해주시오.' 하면서 자기도 청중 속에 앉아서 그분의 강의를 들었다는 이야기가 나옵니다.

서양에서는 과거에 마음의 영역이 거의 무시되어

왔었지요. 그러나 불교는 처음부터 심학心學입니다. 대상인 물질을 규명해 들어가기보다는 근원인 마음을 규명하는 데 중심을 두어온 독특한 체계입니다. 불교를 심학이라고 본다면, 즉 '마음이 무엇인가?'라고 질문하고 그 본질을 규명해 들어가는 체계라면, 유교는 '마음을 어떻게 쓸 것인가, 마음을 어떻게 드러내 보일 것인가?'를 강구하는 체계입니다. 예를 들면 '마음을 어질게 써라, 효도하는 데 써라, 친구와 우애하는 데 써라'라고 합니다. 기독교에서도 '마음을 사랑하는 데 써라'고 합니다. 이렇게 마음의 표출 방법을 주로 가르쳐 왔지 '마음이 무엇이다.' 이런 이야기는 안 합니다. 마음을 쓰는 데 관한 것은 불교에서는 계행戒行의 영역입니다. 그러나 불교는 계행에서 멈추질 않지요.

불교에서는 마음을 어떻게 쓰고 어떻게 포장해내느냐가 아니라, '마음 그 자체가 뭐냐?'에 집중해왔습니다. '마음'이란 것은 인류가 접근하기 어려운 일종의 성역이었습니다. 마음은 함부로 접근하면 안 되는 터부시된 영역이었습니다. 왜? 마음이 마음을 건드리다 자칫 잘못하면 대혼란에 빠집니다. 수습할 수 없는 혼란에 빠질 수 있습니다. 그래서 진작부터 이 마음을 다루는 것이 금기시되었습니다.

그런데 부처님의 지혜의 칼에 이 마음은 풍비박산으로 쪼개져버렸습니다. 유일합니다. 그런데 마음을 갈가리 찢어내면서도 조금도 상처를 안 입고 건전할 수 있는 것은 불교가 무아無我에 입각해 있기 때문입니다. 무아에 입각해 있다 보니 마음 그 놈을 칼질 아니라 뭘 해도 상처를 조금도 안 받는 거지요. 왜? 다른 종교는 모두 아我에 입각해 있기 때문에 마음을 건드리는 순간 아我가 먼저 풍비박산 되어버려요. 그 공포 앞에서 움츠러들어 꼼짝달싹 못하고 수습하기에 바빠요. 그러나 불교는 무아에 입각해서 마음마저도 완전히 객관적인 연구 대상으로 만드는 데 성공함으로써, 마침내는 마음이라는 놈을 실험대 위에 놓고 갈기갈기 찢고 빗질하고 마음대로 할 수 있게 된 겁니다.

그렇기 때문에 불교는 처음부터 진정한 행복과 향상을 이루려면, 마음을 완전히 파악해서, 마음의 주인이 되지 않고서는 안 된다고 당당하게 가르쳐왔습니다. 마음을 적당히 포장이나 하고, 어떤 형상으로 표출시키면 된다고 하는 식으로는 문제가 해결될 수는 없습니다. 반드시 마음을 완전히 장악해야 합니다. 그러기 위해서는 마음을 철저히 파악해야 한다고 하였습니다. 모르면 장악 못 합니다. 모르면 신비입니다. 신비는 내 의지 밖입니다.

과학도 신비의 영역을 많이 줄여 왔지만, 오히려 신비는 커지려고 합니다. 아직도 모르는 것이 많다는 것을 발견할수록 신비의 영역은 넓어져만 갑니다. 왜? 과학자들은 바깥에서 찾기 때문입니다. 바깥에서 찾으면 찾을수록 불가사의는 점점 더 넓어집니다. 불교는 그 방법을 처음부터 지양했습니다. '아니다'하고 버렸습니다. 진정한 지혜, 진정한 평화, 진정한 향상은 마음이란 놈을 완전히 파악하고 완전히 지배하는 길밖에 없다. 그 외에는 길이 없다고 본 것입니다.

신 앞에 아무리 제사를 지내고 아무리 빌고 아무리 바쳐도 안 됩니다. 여러분도 답답하면 점쟁이한테 찾아가 위안을 얻을 때도 있죠. 그러나 가면 갈수록 자기가 스스로 판단하는 능력은 줄어들고, 나중에는 안 물어 보면 불안해서 한 걸음도 못 떼요. 세상사가 다 그렇습니다. 바깥의 권위에, 바깥의 능력에 의지하려 들면 별 수 없이 거기 매어버립니다. 나중에는 그 지배를 안 받고는 단 한 발짝도 스스로 못 걷게 되고 맙니다. 그게 무당이 챙기는 잡신이든, 또는 희랍인들의 신탁을 들어주는 아폴론 같은 신이든, 아니면 기독교의 유일신이든, 혹은 인간 세상에서 전지전능한 전체주의 독재자든, 누구든 간에 거기에 판단을 의지하면 자기 자신은 속절없이 점점 노예로 전락하고 맙니다. 이는 우리가 경험적으로 항상 보는 것이니까 논란의

여지도 없습니다. 바깥에서 해결의 실마리나 해결자를 구하면 자유를 잃게 된다는 것은 분명한 일입니다.

그렇기 때문에 길은 안에서 구해야 합니다. 그런데 안에서 구하는 이것이 바로 지난지사至難之事로 제일 어려운 일입니다. 중국인들 역시나 이 문제에서는 진보를 못 이루었고, 오늘날 세계를 지배한다는 서구문명도 이 문제에서는 이제 겨우 걸음마 단계입니다. 근래 와서, 그것도 동양과 접한 후입니다. 인도를 지배하면서 자원도 착취하고 노동력도 착취했겠지만, 유럽이 인도에서 진정으로 얻은 것은 '밖에서 구하던 것을 안에서 구하는 것으로 전환시켜야 한다.'는 깨달음입니다. 이것이 아마도 유럽의 세계 침략의 결산이라고 볼 수 있을 것입니다.

마음을 분석하고 지배하는 일이 말은 쉬운 것 같지만 실지로 하려면 참으로 어렵습니다. 왜 어려운가? 이 마음을 다루는 데는 두 가지 어려움이 있습니다. 하나는 '내 것이니까 내 마음대로 할 수 있다.'는 선입

견입니다. 이건 착각입니다. 여러분이 자기 마음을 자기 마음대로 지배하는 경우가 하루에 몇 분간이나 가능합니까? '내 마음'이란 것, 실제로는 이것처럼 못 믿을 게 없습니다. 여러분이 왜 울고불고, 스트레스 받습니까? 세상살이가 왜 고됩니까? 사실은 마음이 내 마음대로 안 따라주니까 그렇습니다. 마음을 완전히 장악할 능력이 없기 때문에 그렇습니다. 그래서 매일 마음에 휘둘리며 삽니다. 그러면서도 '마음은 내 것'이라고 합니다. 그러곤 안심하고 이 어설프기 짝이 없는 마음에 의지합니다. '내 마음인데 뭐', '내 맘대로 하는데 뭐' 이런 식입니다.

정말 내 마음대로 하는 겁니까? 전혀 아닙니다. 예를 들면 '내가 번 돈 내 맘대로 쓰는데 무슨 문제야.' 이런 말 합니다. '내 맘'입니까? 벌려고 한 것도 쓰는 것도 마음이란 놈이지만, 이 놈이 내 의지나 내 의사와는 관계없이 나옵니다. 제 멋대로 나옵니다. 이 마음은 폭군입니다. 지배? 좀처럼 안 받습니다. 지배받

으며 온순하게 엎드려 있는 놈이 아니라고요. 조금만 자극 받아도 펄쩍펄쩍 뛰고 난리 납니다. 내 의지하고 관계없어요. 나는 그만하고 싶은데 마음이 안 따라주지요. 저는 저대로 놉니다. 그래서 '내 마음이다' 하고 안심하는 것처럼 큰 착각과 위험은 없습니다. 차라리 '내 육신이다' 하는 게 오히려 낫습니다. 부처님도 그렇게 말씀하십니다. 왜? 이 몸은 늙고 노쇠하고 병도 들고 할지라도 어느 정도는 지속됩니다. 그러나 이 마음은 찰나지간에 변하니 다음 순간에 어떻게 될지 내가 예측도 못합니다. 이 마음 어디로 달아날지 아무도 모릅니다. 그런데도 '내 마음'입니까? 우리는 누구나 '마음이 내 것'이라는 중대한 착각을 범하고 있기 때문에 실제 마음과 맞닥뜨리면 당황하고 어쩔질 못합니다. 우리뿐만 아니라 중국인도 서양인도 중동인도 이 마음을 제어하는 데 성공하지 못했던 것입니다.

또 하나의 어려움은 두려움입니다. 마음을 조금 들여다보면 무섭습니다. 이게 갈피를 잡을 수가 없습니다. 부끄럽고 두렵습니다. 자기 마음을 거울에 비추듯이 발가벗겨 놓고 보면 감당할 수가 없습니다. 부끄럽고 창피하고, '내 마음이 이렇게 지저분하고 추한 것인가.' 하고 깜짝 놀랍니다. 누구나 자기는 청정하다는 크나큰 착각을 하고 있기 때문에 막상 마음을 조금 들여다보면 처음부터 그 새로운 모습에 놀라 빨리 뚜껑을 닫아버립니다.

이 두 가지 요인 때문에 우리는 마음을 통어하지 못해왔습니다. 그러다 보니 마음 다루는 기술과 능력은 발전이 되지 않았습니다. 개발이 안 되다 보니 항상 덮어 놔두고 쉬쉬하면서 지내다가, 막상 어떤 상황에 부닥치면 또 '내 마음이야' 하면서 그 알량한 마음 가지고 남을 무시하고 경멸도 하고 저 잘난 체하고 아만도 부리고 자존심도 부리고 별짓을 다해요. 그래서 업을 쌓고 있습니다. 한없는 업을. 다음 생 그리고 또 다음 생을 확보할 수밖에 없는 업을 쌓고 있습니다.

현대의 문화적 위기도 알고 보면 이 문제로 귀착됩

니다. 부패할 대로 부패하고 썩을 대로 썩어도 그래도 '내 마음'이라고 착각하는 게 오늘날 문화입니다. 마음이 제멋대로 노는 걸 '자유'란 이름으로 오히려 보호하기도 합니다. '자기가 좋아서 하는 걸 누가 감히 말려.' 이런 식이지요. 자기 좋아서 하는데, 제멋대로인데, 왜 간섭을 해? 이런 식의 자유입니다. 마음을 성역으로 일단 인정해 놓고 벌이는 자유론이지요. 민주, 자유, 다 좋은 말입니다. 자유는 해탈 아닙니까. 얼마나 좋은 말입니까. 그러나 마음을 성역으로 설정한 자유는 이 꼴이 되어버립니다.

모든 사회, 언론, 경제체제가 성역처럼 되어 있는 이 마음을 구조적으로 떠받드는 일에 매달립니다. 오늘날의 모든 문제가 여기서 생기고 있습니다. 모두 다 마음이라는 성역을 미리 설정해 놓은 점에서는 똑같습니다. 마음, 이것을 성역으로 모셔 놓고 그게 썩든 말든 그냥 둔 채로 분칠만 하고 옷만 갈아입힐 것인가, 아니면 그 마음을 성역에서 끌어내려서 조각조각

내는 데 착수할 것인가, 그래서 좋은 놈은 영양 공급을 하고 빗질을 해서 가다듬고 나쁜 놈은 고사하도록 하는 일에 착수할 것인가 말 것인가. 미상불 중차대한 과제라 해야 마땅하겠지요.

이 마음 빗질은 오로지 무아의 진리를 깨달아 갈수록 성공 할 수 있습니다. 불교라고 해서 불교의 외투를 입었다고 해서 마음을 갈기갈기 찢을 수 있는가? 어렵습니다. 이 일은 무아의 진리를 체계적으로 배우고 다듬어서 마침내는 이 마음을 갈가리 찢고 빗질해낼 수 있도록 나라는 에고ego가 아닌 진리로, 즉 마음을 법으로서 대할 수 있어야만 가능해집니다.

이 험난한 일을 아무도 해결하지 못했는데, 부처님이 해내신 겁니다. 그래서 부처님이 인류의 스승입니다. 왜 그분이 지금까지 우리의 스승인가? 부처님은 문제의 핵심으로 바로 접근하고 해결하는 관건인 이 마음이란 놈을 어떻게 분석하고 어떻게 지배하는가를 밝히셨습니다. 그리고 그 길을 우리에게 아주 체계 정연하게 가르쳐 주셨기 때문입니다. 그런 점에서 '부처 *Buddha*'이노라고 하셨습니다.

요는 이 마음은 가장 다루기 어렵고 알기 어렵고 포착하기 어려울 뿐 아니라, 잘못 건드렸다가는 수습이 불가능한 혼란을 일으킵니다. 그러한 우리의 마음을 아무 탈 없이 갈가리 찢고 빗질하고 댕기를 땋아 내릴 수 있는 기술과 능력을 가르쳐주셨습니다. 이 가르침이 불법佛法입니다.

불법으로 마음 다루기

그러면 불법으로 어떻게 마음을 다루어 나가고, 어떤 과정을 거쳐서 제대로 조복 받느냐? 바로 여기서 팔정도八正道라든가 십이연기十二緣起 같은 부처님 지혜의 극치가 나오는 거지요. 그렇게 들어가면 누구도 당황하거나 전도되는 일 없이, 가장 비밀스런 영역이고 성역에 속했던 마음의 세계에 들어갈 수 있습니다. 그리고 그 마음을 갈가리 찢고 빗질해서 마침내는 자기 것으로 만들어서 마음껏 아름다운 데 쓸 수 있습니다. 그 과정을 부처님이 코끼리 길들이기에 비유하고 계십니다.

우리 마음은 길들지 않은 야생 코끼리입니다. 이 코끼리는 숲속을 돌아다니는 것이 습성이지요. 어디 딱 매여 가만히 있는 것은 제 팔자에 없는 일입니다. 왕이 전쟁에 나갈 때는 길이 잘 든 코끼리가 필요하지요. 길들지 않은 코끼리를 타고 나갔다가 그 코끼리가 화살 한 대만 날아와도 놀라서 도망을 간다거나 하면, 이건 전쟁에 진 겁니다. 지도자가 탄 코끼리가 지도자의 마음과 똑같이 의연하게, 화살과 창이 마구 날아들어도 조금도 두려움 없이 전진할 때 전진하고, 지킬 때 지키고 해야 합니다. 그러려면 전쟁에 타고 나갈 코끼리를 단단히 길들여야 합니다.

그와 같이 마음도 길들여서 탐·진·치 삼독이라는

무시무시하고도 뿌리 깊은 적과의 싸움에 나가 마아라의 온갖 유혹, 협박, 공갈, 교란에도 조금도 흔들림 없이 의연하게 싸워서 승리를 거두어야 합니다. 우리는 마음이란 놈을 타고 갈 수밖에 없거든요. 우리가 마아라와 전쟁하는데 마음 말고 믿을 게 뭐 있어요? 몸을 가지고 탐·진·치와 싸우면 이기겠습니까? 마음, 이 마음을 길들여서 마음을 타고 탐·진·치 삼독이라는 적군을 격파해야 된다는 말입니다.

그러면 이 마음을 어떻게 길들이느냐? 마음을 길들이되 코끼리 길들이듯 하라는 겁니다. 코끼리는 어떻게 길들이는가? 숲에 가서 힘센 수놈 야생 코끼리를 잡아와서 널찍한 땅에 말뚝을 튼튼하게 박고 실한 끈으로 목과 발을 단단히 묶어 도망 못가도록 맵니다. 그러고는 먹이도 줬다가 굶기기도 했다가, 말을 안 들으면 막대기나 창 같은 걸로 찔러 고통도 주고 잘 들으면 칭찬도 해주고 하면서 길들이는 거지요. 그런데 코끼리가 얼마나 셉니까. 이놈이 날뛰기 시작하면 여

간한 끈도 끊어지고 말뚝도 빠져버립니다. 그러곤 자기가 살던 숲속으로 도망가 버려요. 코끼리는 숲속에 가서 막 휘젓고 돌아다니는 것이 좋거든요.

우리 마음은 코끼리보다 열 배 백 배 더 강력합니다. 이놈은 도망을 가는데 찰나지간에 도망쳐 버리니, 우리는 마음이란 코끼리가 도망을 갔는지 안 갔는지도 모르고 있기가 십상이지요. 처음 시작하는 사람은 하루에 한 번 코끼리 챙기기도 어려워요. 코끼리는 벌써 도망갔는데 그냥 멍하니 딴 짓하고 앉았다가 나중에야 '아이고 참, 내가 코끼리 길들이려고 잡아왔는데 어디 갔나?' 벌써 가버린 지가 오래되었습니다. 이렇듯 마음은 하루에 한 번 챙기기도 어렵습니다. '아, 내일은 잘해봐야지. 내일은 그놈을 꽉 잡아 묶어서 다시는 도망가지 못하도록 해야지.' 결심을 하고 잡니다만 아침에 일어나서 바로 챙기기는 참 어렵지요. 한참 있다가 생각나면 '아 참, 오늘 마음을 잘 챙겨야지' 합니다. 그러나 찰나지간에 코끼리는 또 도망가 버렸는데

46

꾸벅꾸벅 졸고 앉았거나 딴 생각하고 앉아 있습니다.

하루 두 번 챙기면 상당한 진전입니다. 처음에 하루 한 번 챙기다 두 번만 챙겨도 진전이지요. 그렇게 해서 하루에 세 번, 네 번, 다섯 번, 챙기는 횟수가 늘어가면 그 사람은 착실하게 공부를 하는 것입니다. 그러다 챙기는 습관이 자리를 잡게 되면 상당히 부지런하게 챙기게 됩니다. 도망가면 이내 따라갑니다. 멀리 못 갔으니까 금방 잡아옵니다. 붙잡아 놓으면 또 도망가지요. 도망가지 않기를 바라면 안 됩니다. 도망가는 것이 코끼리의 생리이듯 도망가는 것이 마음의 생리입니다. 여러분이 조금 해보다가 '아이고 다른 사람은 잘 되는 것 같은데, 나는 안 돼.' 이렇게 생각하기 쉬운데, 아닙니다. 원래 마음이란 놈이 그렇습니다. 그래서 자꾸 도망갑니다.

문제의 요체는 하루에 백 번이든 천 번이든 만 번이든 따라가는 데 있습니다. 그래서 부지런히 계속 잡아오는 겁니다. 만 번을 가든 십만 번을 가든 잡아만 올 수 있다면 그 사람은 정말 공부하는 사람입니다. 잘하는 공부인입니다. 포기하면 그 사람은 중도 낙오자입니다. 그저 그뿐입니다. 도망간다고 한탄할 필요는 없습니다. 원래 마음은 그런 것이니까요. 그저 부지런히 잡아와서 염처念處라는 말뚝에 염念이라는 밧줄로 묶는 것입니다.

그런데 이 밧줄은 약합니다. 아직 우리가 마음 길들이는 훈련이 안 되어 있기 때문에 염력念力이 약해요. 그래서 자꾸 도망을 갑니다. 약하니까 툭 끊고 가버리는 거지요. 중요한 점은 포기하지 않는 겁니다. 십만 번도 좋고 백만 번도 좋다는 자세로 계속 붙잡아 옵니다. 그래서 부지런히 말뚝에 맵니다. 그 약하디 약한 사띠sati 念의 끈으로 염처에다 맵니다.

염처란 것 아시죠? 《염신경》에 보면 '호흡을 관하라.' 할 때 그 호흡이 염처입니다. '이 몸이 걸을 때는 걷는 것을 관하라.' 하면 걸음걸이가 염처입니다. 그대로 계속 쉬지 않고 끊임없이 잡아매는 것, 그게 염입니다. 간단없이 매고 챙기는 것, 그 염이 발달하면 단순히 매는 것뿐 아니라 운전까지 할 수 있게 됩니다. 마음을 길들여 장악하고 나면 자동차 운전을 배워 자동차를 운전하듯 마음을 조종하여 방향을 잘 잡아 나가고 방해하는 것을 씻어내기까지 합니다. 빗질하여 때를 벗겨내듯이.

이것이 바른 마음챙김〔正念〕입니다. 처음에 마음챙김할 때는 도망가는 놈을 부지런히 붙잡아 오는 것입니다. 이렇게 십만 번이든 백만 번이든 부지런히 잡아올 뿐입니다. 해야 할 일은 오로지 잡아와서 잘 길들일 뿐입니다.

이렇게 잡아오되 마음을 묶는 말뚝은 될 수 있으면 색깔 없는 것으로 해야 합니다. 예를 들면 부처를 염한다, 즉 염불한다, 다 좋습니다. 기독교에서 신을 관상한다, 그것도 좋습니다. 그러나 신이나 부처나 보살은 색깔이 너무 강합니다. 색깔 없는 것이 좋습니다. 왜? 우리는 정말 자유로워지려는 것이니까, 우리는 무엇으로부터든 끊임없이 해탈하여 자유로워지려는 것이니까 색깔 있는 무엇을 내 안에 담다가 나중에 그 것으로부터 또 해탈하려고 몸부림치는 것보다는 처음 부터 색깔 없는 것을 이용하는 게 좋습니다. 선이든 악이든 색깔이 없는 게 좋습니다. 그래야 색깔의 피해 를 입지 않습니다. 그래서 부처님이 호흡이나 육신을 관하라고 하신 겁니다. 색깔 없는 대상을 염처로 하 여 항상 우리 마음을 거기에 묶어 길들이도록 해야 합니다.

길을 들일 때 어떤 주문을 외우는 게 아닙니다. 있 는 그대로 바라볼 뿐입니다. 있는 그대로요. 요가에서 는 긴 호흡을 해라, 조용하게 해라 하지만 《염신경》에 보십시오. '긴 숨을 들이쉬면 긴 숨을 들이쉰다고 안 다, 긴 숨을 내쉬면 긴 숨을 내쉰다고 안다, 짧은 숨 을 들이쉬면 짧은 숨을 들이쉰다고 안다, 짧은 숨을 내쉬면 짧은 숨을 내쉰다고 안다.' 늙어 가면 늙어가 는 줄 알고, 병들면 병드는 줄 알고, 죽으면 죽는 줄

알 뿐이지요. 안다, 본다, 빠자아나아띠*pajānāti* 正智
합니다. 빠자아나아띠하면 빤냐*paññā* 般若가 생깁니
다. 빤냐가 바로 피안에 우리를 날라주는 뗏목의 운전
수요 법의 기수지요. 그저 있는 그대로 볼 뿐입니다.
세상에 제일 쉬운 방법이지요. 뭘 하란 말 하나도 없
어요. 있는 그대로 보아라, 그저 있는 그대로를 바라
보기만 하면 되니까요.

  그것이 자리가 잘 잡히면 그 다음에 '온몸을 경험하
면서 들이쉬고 내쉬어라.', '신행身行을 가라앉히면서
들이쉬고 내쉬어라.' 그런 이야기입니다. 가라앉히라
는 것은 사마타*samatha*를 기르는 일이고, 있는 그대
로 보는 것은 위빳사나*vipassanā*를 키우는 일이죠. 위
빳사나, 사마타가 다 발전하면 마침내는 바른 마음챙
김, 바른 집중, 그리고 칠각지七覺支의 실현과 팔정도
八正道의 완성으로 나아가게 됩니다. 불자는 이러한
길을 조용히 한걸음씩 나아가야 합니다.

  구하면 안 됩니다. 바라고 몸부림치면 안 돼요. 그

냥 길을 꾸준히 걷다 보면 언젠가는 목적지에 닿도록 되어 있습니다. 예를 들어, 서울에서 부산을 갑니다. 걸어서 가고 있습니다. 그 사람이 한 발 떼어놓고는 '부산 다 왔는가?' 고개를 쑥 내밀고, 두 발 걷고 '다 왔는가?' 내밀곤 하면 그 사람 곧 지쳐서 주저앉고 맙니다. 먼 길 걷는 사람은 방향을 딱 잡고 앞만 바라보면서 그저 한 발 한 발 걸어갈 뿐입니다. 그러한 자세로 공부해 봅시다.

마음 길들이기를 이렇게 하라는 것이 부처님 가르침입니다. 음식도, 소리도, 머리카락도 그렇듯이, 이 마음도 그렇게 가르고, 삭히고 또 삭혀서 고급스럽게 만들어가라는 이야기입니다. ✿

말한이 **활성 스님**

1938년 출생. 1975년 통도사 경봉 스님 문하에 출가. 통도사 극락암 아란야, 해인사, 봉암사, 태백산 동암, 축서사 등지에서 수행 정진. 현재 지리산 토굴에서 정진 중. 〈고요한소리〉 회주

엮은이 **김용호**

1957년 출생. 전 성공회대학교 문화대학원 교수(문화비평, 문화철학). 〈고요한소리〉 이사.

〈고요한소리〉는

- 붓다의 불교, 붓다 당신의 불교를 발굴, 천착, 실천, 선양하는 것을 목적으로 설립되었습니다.
- 고요한소리 회주 활성스님의 법문을 '소리' 문고로 엮어 발행하고 있습니다.
- 1987년 창립 이래 스리랑카의 불자출판협회BPS에서 간행한 훌륭한 불서 및 논문들을 국내에 번역 소개하고 있습니다.
- 이 작은 책자는 근본불교를 중심으로 불교철학·심리학·수행법 등 실생활과 연관된 다양한 분야의 문제를 다루는 연간물連刊物입니다. 이 책들은 실천불교의 진수로서, 불법을 가깝게 하려는 분이나 좀 더 깊이 수행해보고자 하는 분에게 많은 도움이 될 것입니다.
- 이 책의 출판 비용은 뜻을 같이하는 회원들이 보내주시는 회비로 충당되며, 판매 비용은 전액 빠알리 경전의 역경과 그 준비 사업을 위한 기금으로 적립됩니다. 출판 비용과 기금 조성에 도움주신 회원님들께 감사드리며 〈고요한소리〉 모임에 새로이 동참하실 회원을 기다리고 있습니다.
- 〈고요한소리〉 책 읽기와 듣기는 리디북스RIDIBOOKS와 유나방송에서 만나볼 수 있습니다.

- 〈고요한소리〉 회원으로 가입하시려면,
  이름, 전화번호, 우편물 받을 주소, e-mail 주소를 〈고요한소리〉 서울 사무실에 알려주십시오.
  (전화: 02-739-6328, 02-725-3408)
- 회원에게는 〈고요한소리〉에서 출간하는 도서를 보내드리고, 법회나 모임·행사 등 활동 소식을 전해드립니다.
- 회비, 후원금, 책값 등을 보내실 계좌는 아래와 같습니다.

국민은행 006-01-0689-346

우리은행 004-007718-01-001

농협　　 032-01-175056

우체국　 010579-01-002831

예금주　 (사)고요한소리

마음을 맑게 하는 〈고요한소리〉 도서

단행본

붓다의 말씀

이 도서의 국립중앙도서관 출판예정도서목록(CIP)은
서지정보유통지원시스템 홈페이지(http://seoji.nl.go.kr)와
국가자료공동목록시스템(http://www.nl.go.kr/kolisnet)에서
이용하실 수 있습니다. (CIP제어번호:CIP2016009323)

소리 · 둘

소리 빗질, 마음 빗질

초판 1쇄 발행 2015년 10월 30일
초판 5쇄 발행 2020년 07월 30일

말한이   활성
엮은이   김용호
펴낸이   하주락 · 변영섭
펴낸곳   (사)고요한소리
등록번호 제1-879호 1989. 2. 18.
주 소   서울시 종로구 인사동길 47-5 (우 03145)
연락처   전화 02-739-6328, 725-3408 팩스 02-723-9804
        부산지부 051-513-6650 대구지부 053-755-6035
        대전지부 042-488-1689
홈페이지 www.calmvoice.org
이메일   calmvs@hanmail.net

ISBN   978-89-85186-81-0 02220

값 1000원